TRANZLATY

Sprache ist für alle da

A nyelv mindenkié

Die Schöne und das Biest

A Szépség és a Szörnyeteg

Gabrielle-Suzanne Barbot de Villeneuve

Deutsch / Magyar

Copyright © 2025 Tranzlaty
All rights reserved
Published by Tranzlaty
ISBN: 978-1-80572-013-3
Original text by Gabrielle-Suzanne Barbot de Villeneuve
La Belle et la Bête
First published in French in 1740
Taken from The Blue Fairy Book (Andrew Lang)
Illustration by Walter Crane
www.tranzlaty.com

Es war einmal ein reicher Kaufmann
Volt egyszer egy gazdag kereskedő
dieser reiche Kaufmann hatte sechs Kinder
ennek a gazdag kereskedőnek hat gyermeke volt
Er hatte drei Söhne und drei Töchter
három fia és három lánya volt
Er hat keine Kosten für ihre Ausbildung gescheut
nem kímélte az oktatásukat
weil er ein vernünftiger Mann war
mert értelmes ember volt
aber er gab seinen Kindern viele Diener
de sok szolgát adott gyermekeinek
seine Töchter waren überaus hübsch
a lányai rendkívül csinosak voltak
und seine jüngste Tochter war besonders hübsch
a legkisebb lánya pedig különösen csinos volt
Schon als Kind wurde ihre Schönheit bewundert
gyermekkorában már csodálták a szépségét
und die Leute nannten sie nach ihrer Schönheit
és az emberek szépsége miatt szólították
Ihre Schönheit verblasste nicht, als sie älter wurde
szépsége nem halványult el, ahogy öregedett
Deshalb nannten die Leute sie weiterhin wegen ihrer Schönheit
így az emberek folyton szépsége miatt hívták
das machte ihre Schwestern sehr eifersüchtig
ez nagyon féltékennyé tette a nővéreit
Die beiden ältesten Töchter waren sehr stolz
a két legidősebb lánya nagyon büszke volt
Ihr Reichtum war die Quelle ihres Stolzes
gazdagságuk volt büszkeségük forrása
und sie verbargen ihren Stolz nicht
és ők sem titkolták büszkeségüket
Sie besuchten nicht die Töchter anderer Kaufleute
nem látogatták meg más kereskedők lányait

weil sie nur mit Aristokraten zusammentreffen
mert csak az arisztokráciával találkoznak
Sie gingen jeden Tag zu Partys
minden nap kimentek bulizni
Bälle, Theaterstücke, Konzerte usw.
bálok, színdarabok, koncertek és így tovább
und sie lachten über ihre jüngste Schwester
és kinevettek a legkisebb húgukon
weil sie die meiste Zeit mit Lesen verbrachte
mert ideje nagy részét olvasással töltötte
Es war allgemein bekannt, dass sie reich waren
köztudott volt, hogy gazdagok
so hielten mehrere bedeutende Kaufleute um ihre Hand an
így több jeles kereskedő megkérte a kezét
aber sie sagten, sie würden nicht heiraten
de azt mondták, hogy nem házasodnak össze
aber sie waren bereit, einige Ausnahmen zu machen
de készek voltak néhány kivételt tenni
„Vielleicht könnte ich einen Herzog heiraten"
„talán feleségül vehetnék egy herceget"
„Ich schätze, ich könnte einen Grafen heiraten"
„Azt hiszem, feleségül tudnék venni egy grófot"
Schönheit dankte sehr höflich denen, die ihr einen Antrag gemacht hatten
szépség nagyon polgáriasan megköszönte azoknak, akik felajánlották neki
Sie sagte ihnen, sie sei noch zu jung zum Heiraten
azt mondta nekik, hogy még túl fiatal ahhoz, hogy férjhez menjen
Sie wollte noch ein paar Jahre bei ihrem Vater bleiben
szeretett volna még néhány évet az apjával maradni
Auf einmal verlor der Kaufmann sein Vermögen
A kereskedő egyszerre elvesztette a vagyonát
er verlor alles außer einem kleinen Landhaus

egy kis vidéki házon kívül mindent elveszített
und er sagte seinen Kindern mit Tränen in den Augen:
és könnyes szemmel mondta gyermekeinek:
„Wir müssen aufs Land gehen"
"vidékre kell mennünk"
„und wir müssen für unseren Lebensunterhalt arbeiten"
"és dolgoznunk kell a megélhetésünkért"
die beiden ältesten Töchter wollten die Stadt nicht verlassen
a két legidősebb lány nem akarta elhagyni a várost
Sie hatten mehrere Liebhaber in der Stadt
több szeretőjük volt a városban
und sie waren sicher, dass einer ihrer Liebhaber sie heiraten würde
és biztosak voltak benne, hogy valamelyik szeretőjük feleségül veszi őket
Sie dachten, ihre Liebhaber würden sie heiraten, auch wenn sie kein Vermögen hätten
azt hitték, szeretőik vagyon nélkül is feleségül veszik őket
aber die guten Damen haben sich geirrt
de a jó hölgyek tévedtek
Ihre Liebhaber verließen sie sehr schnell
szeretőik nagyon gyorsan elhagyták őket
weil sie kein Vermögen mehr hatten
mert nem volt többé vagyonuk
das zeigte, dass sie nicht wirklich beliebt waren
ez azt mutatta, hogy valójában nem kedvelték őket
alle sagten, sie verdienen kein Mitleid
mindenki azt mondta, hogy nem érdemli meg, hogy sajnálják őket
„Wir sind froh, dass ihr Stolz gedemütigt wurde"
"Örülünk, hogy büszkeségüket alázatosan látjuk"
„Lasst sie stolz darauf sein, Kühe zu melken"
"legyenek büszkék a fejő tehenekre"
aber sie waren um Schönheit besorgt

de a szépségért aggódtak
sie war so ein süßes Geschöpf
olyan édes teremtés volt
Sie sprach so freundlich zu armen Leuten
olyan kedvesen beszélt szegény emberekkel
und sie war von solch unschuldiger Natur
és olyan ártatlan természetű volt
Mehrere Herren hätten sie geheiratet
Több úr is feleségül vette volna
Sie hätten sie geheiratet, obwohl sie arm war
feleségül vették volna, bár szegény volt
aber sie sagte ihnen, sie könne sie nicht heiraten
de azt mondta nekik, hogy nem veheti feleségül őket
weil sie ihren Vater nicht verlassen wollte
mert nem hagyná el az apját
sie war entschlossen, mit ihm aufs Land zu fahren
elhatározta, hogy elmegy vele vidékre
damit sie ihn trösten und ihm helfen konnte
hogy megvigasztalhassa és segítse
Die arme Schönheit war zunächst sehr betrübt
Szegény szépség eleinte nagyon elszomorodott
sie war betrübt über den Verlust ihres Vermögens
gyászolta vagyona elvesztése
„Aber Weinen wird mein Schicksal nicht ändern"
"de a sírás nem változtatja meg a szerencsémet"
„Ich muss versuchen, ohne Reichtum glücklich zu sein"
"Meg kell próbálnom gazdagság nélkül boldoggá tenni magam"
Sie kamen zu ihrem Landhaus
vidéki házukba jöttek
und der Kaufmann und seine drei Söhne widmeten sich der Landwirtschaft
a kereskedő és három fia pedig állattenyésztésre jelentkezett
Schönheit stand um vier Uhr morgens auf

szépség hajnali négykor felkelt
und sie beeilte sich, das Haus zu putzen
és sietett kitakarítani a házat
und sie sorgte dafür, dass das Abendessen fertig war
és gondoskodott róla, hogy elkészüljön a vacsora
ihr neues Leben fiel ihr zunächst sehr schwer
kezdetben nagyon nehéznek találta új életét
weil sie diese Arbeit nicht gewohnt war
mert nem volt hozzászokva az ilyen munkához
aber in weniger als zwei Monaten wurde sie stärker
de alig két hónap alatt megerősödött
und sie war gesünder als je zuvor
és egészségesebb volt, mint valaha
nachdem sie ihre arbeit erledigt hatte, las sie
miután elvégezte a munkáját, elolvasott
sie spielte Cembalo
csembalón játszott
oder sie sang, während sie Seide spann
vagy énekelt, miközben selymet sodort
im Gegenteil, ihre beiden Schwestern wussten nicht, wie sie ihre Zeit verbringen sollten
éppen ellenkezőleg, a két nővére nem tudta, mivel töltse az idejét
Sie standen um zehn auf und taten den ganzen Tag nichts anderes als herumzufaulenzen
tízkor keltek, és nem csináltak mást, csak lustálkodtak egész nap
Sie beklagten den Verlust ihrer schönen Kleider
szép ruháik elvesztésén keseregtek
und sie beklagten sich über den Verlust ihrer Bekannten
és panaszkodtak az ismerőseik elvesztéséről
„Schau dir unsere jüngste Schwester an", sagten sie zueinander
„Nézze meg a legkisebb nővérünket" – mondták egymásnak

„Was für ein armes und dummes Geschöpf sie ist"
"milyen szegény és ostoba teremtés ez"
„Es ist gemein, mit so wenig zufrieden zu sein"
"rossz megelégedni ennyivel"
der freundliche Kaufmann war ganz anderer Meinung
a kedves kereskedő egészen más véleményen volt
er wusste sehr wohl, dass Schönheit ihre Schwestern übertraf
nagyon jól tudta, hogy a szépség felülmúlja a nővéreit
Sie übertraf sie sowohl charakterlich als auch geistig
jellemében és elméjében is túlszárnyalta őket
er bewunderte ihre Bescheidenheit und ihre harte Arbeit
csodálta alázatát és kemény munkáját
aber am meisten bewunderte er ihre Geduld
de leginkább a türelmét csodálta
Ihre Schwestern überließen ihr die ganze Arbeit
nővérei minden munkát ráhagytak
und sie beleidigten sie ständig
és minden pillanatban megsértették
Die Familie hatte etwa ein Jahr lang so gelebt
A család körülbelül egy évig élt így
dann bekam der Kaufmann einen Brief von einem Buchhalter
majd a kereskedő levelet kapott egy könyvelőtől
er hatte in ein Schiff investiert
befektetése volt egy hajóban
und das Schiff war sicher angekommen
és a hajó épségben megérkezett
diese Nachricht ließ die beiden ältesten Töchter staunen
t híre felforgatta a két legidősebb lány fejét
Sie hatten sofort die Hoffnung, in die Stadt zurückzukehren
azonnal reménykedtek, hogy visszatérnek a városba
weil sie des Landlebens überdrüssig waren
mert eléggé belefáradtak a vidéki életbe

Sie gingen zu ihrem Vater, als er ging
apjukhoz mentek, amint az elment
Sie baten ihn, ihnen neue Kleider zu kaufen
könyörögtek neki, hogy vegyen nekik új ruhát
Kleider, Bänder und allerlei Kleinigkeiten
ruhák, szalagok és mindenféle apróság
aber die Schönheit verlangte nichts
de a szépség nem kért semmit
weil sie dachte, das Geld würde nicht reichen
mert azt hitte, a pénz nem lesz elég
es würde nicht reichen, um alles zu kaufen, was ihre Schwestern wollten
nem lenne elég megvenni mindent, amit a nővérei akartak
„Was möchtest du, Schönheit?", fragte ihr Vater
– Mit szeretnél, szépségem? kérdezte az apja
"Danke, Vater, dass du so nett bist, an mich zu denken", sagte sie
– Köszönöm, apám, hogy gondoltál rám – mondta
„Vater, sei so freundlich und bring mir eine Rose mit"
"Atyám, légy olyan kedves, és hozz nekem egy rózsát"
„weil hier im Garten keine Rosen wachsen"
"mert nem nő rózsa itt a kertben"
„und Rosen sind eine Art Rarität"
"és a rózsa egyfajta ritkaság"
Schönheit mochte Rosen nicht wirklich
a szépség nem igazán törődött a rózsákkal
sie bat nur um etwas, um ihre Schwestern nicht zu verurteilen
csak kért valamit, hogy ne ítélje el a nővéreit
aber ihre Schwestern dachten, sie hätte aus anderen Gründen nach Rosen gefragt
de a nővérei azt hitték, más okból kér rózsát
„Sie hat es nur getan, um besonders auszusehen"
"csak azért csinálta, hogy különlegesen nézzen ki"
Der freundliche Mann machte sich auf die Reise

A kedves ember elindult az útjára
aber als er ankam, stritten sie über die Ware
de amikor megérkezett, vitatkoztak az áruról
und nach viel Ärger kam er genauso arm zurück wie zuvor
és sok fáradság után olyan szegényen tért vissza, mint azelőtt
er war nur ein paar Stunden von seinem eigenen Haus entfernt
pár órán belül a saját házától volt
und er stellte sich schon die Freude vor, seine Kinder zu sehen
és már elképzelte a gyermekei látásának örömét
aber als er durch den Wald ging, verirrte er sich
de amikor átment az erdőn, eltévedt
es hat furchtbar geregnet und geschneit
borzasztóan esett és havazott
der Wind war so stark, dass er ihn vom Pferd warf
a szél olyan erős volt, hogy ledobta a lováról
und die Nacht kam schnell
és gyorsan jött az éjszaka
er begann zu glauben, er müsse verhungern
kezdett arra gondolni, hogy éhen halhat
und er dachte, er könnte erfrieren
és arra gondolt, hogy halálra fagyhat
und er dachte, Wölfe könnten ihn fressen
és azt hitte, a farkasok megehetik
die Wölfe, die er um sich herum heulen hörte
a farkasok, akiket hallott üvölteni maga körül
aber plötzlich sah er ein Licht
de hirtelen fényt látott
er sah das Licht in der Ferne durch die Bäume
távolról látta a fényt a fák között
als er näher kam, sah er, dass das Licht ein Palast war
amikor közelebb ért, látta, hogy a fény egy palota

der Palast war von oben bis unten beleuchtet
a palotát tetőtől talpig kivilágították
Der Kaufmann dankte Gott für sein Glück
a kereskedő megköszönte Istennek a szerencsét
und er eilte zum Palast
és a palotába sietett
aber er war überrascht, keine Leute im Palast zu sehen
de meglepődött, hogy nem látott embereket a palotában
der Hof war völlig leer
az udvar teljesen üres volt
und nirgendwo ein Lebenszeichen
és életnek nyoma sem volt sehol
sein Pferd folgte ihm in den Palast
lova követte a palotába
und dann fand sein Pferd großen Stall
majd a lova nagy istállót talált
das arme Tier war fast verhungert
szegény állat szinte éhes volt
also ging sein Pferd hinein, um Heu und Hafer zu finden
így a lova bement szénát és zabot keresni
zum Glück fand er reichlich zu essen
szerencsére talált bőven ennivalót
und der Kaufmann band sein Pferd an die Krippe
és a kereskedő a jászolhoz kötötte a lovát
Als er zum Haus ging, sah er niemanden
haladva nem látott senkit
aber in einer großen Halle fand er ein gutes Feuer
de egy nagy teremben jó tüzet talált
und er fand einen Tisch für eine Person gedeckt
és talált egy megterített asztalt
er war nass vom Regen und Schnee
nedves volt az esőtől és a hótól
Also ging er zum Feuer, um sich abzutrocknen
ezért a tűz közelébe ment megszárítani magát
„Ich hoffe, der Hausherr entschuldigt mich"

"Remélem, a ház ura megbocsát"
„**Ich schätze, es wird nicht lange dauern, bis jemand auftaucht.**"
– Gondolom, nem tart sokáig, amíg valaki megjelenik.
Er wartete eine beträchtliche Zeit
Jó sokáig várt
er wartete, bis es elf schlug, und noch immer kam niemand
megvárta, amíg elütötte a tizenegyet, de még mindig nem jött senki
Schließlich war er so hungrig, dass er nicht länger warten konnte
végre annyira éhes volt, hogy nem tudott tovább várni
er nahm ein Hühnchen und aß es in zwei Bissen
vett egy csirkét, és két falatban megette
er zitterte beim Essen
remegett az étel elfogyasztása közben
danach trank er ein paar Gläser Wein
ezek után ivott néhány pohár bort
Er wurde mutiger und verließ den Saal
egyre bátrabban ment ki a teremből
und er durchquerte mehrere große Hallen
és átkelt több nagy termen
Er ging durch den Palast, bis er in eine Kammer kam
végigsétált a palotán, amíg be nem ért egy kamrába
eine Kammer, in der sich ein überaus gutes Bett befand
egy kamra, amelyben rendkívül jó ágy volt
er war von der Tortur sehr erschöpft
nagyon elfáradt a megpróbáltatásoktól
und es war schon nach Mitternacht
és az idő már elmúlt éjfél
also beschloss er, dass es das Beste sei, die Tür zu schließen
ezért úgy döntött, a legjobb, ha becsukja az ajtót
und er beschloss, dass er zu Bett gehen sollte

és arra a következtetésre jutott, hogy le kell feküdnie
Es war zehn Uhr morgens, als der Kaufmann aufwachte
Délelőtt tíz óra volt, amikor a kereskedő felébredt
gerade als er aufstehen wollte, sah er etwas
éppen amikor fel akart kelni, látott valamit
er war erstaunt, saubere Kleidung zu sehen
elképedt egy tiszta ruhakészlet láttán
an der Stelle, wo er seine schmutzigen Kleider zurückgelassen hatte
azon a helyen, ahol piszkos ruháit hagyta
"**Mit Sicherheit gehört dieser Palast einer netten Fee**"
"Bizonyára valami tündéré ez a palota"
„**eine Fee, die mich gesehen und bemitleidet hat**"
" egy tündér, aki látott és megsajnált engem"
er sah durch ein Fenster
benézett egy ablakon
aber statt Schnee sah er den herrlichsten Garten
de hó helyett a legelragadóbb kertet látta
und im Garten waren die schönsten Rosen
és a kertben voltak a legszebb rózsák
dann kehrte er in die große Halle zurück
aztán visszatért a nagyterembe
der Saal, in dem er am Abend zuvor Suppe gegessen hatte
a terem, ahol előző este levest ivott
und er fand etwas Schokolade auf einem kleinen Tisch
és talált egy kis csokoládét egy kis asztalkán
„**Danke, liebe Frau Fee**", sagte er laut
– Köszönöm, jó Madam Fairy – mondta hangosan
„**Danke für Ihre Fürsorge**"
"Köszönöm, hogy ilyen gondoskodó voltál"
„**Ich bin Ihnen für all Ihre Gefälligkeiten äußerst dankbar**"
"Rendkívül hálás vagyok minden szívességéért"
Der freundliche Mann trank seine Schokolade

a kedves ember megitta a csokit
und dann ging er sein Pferd suchen
majd elment megkeresni a lovát
aber im Garten erinnerte er sich an die Bitte der Schönheit
de a kertben eszébe jutott szépségkérés
und er schnitt einen Rosenzweig ab
és levágott egy rózsaágat
sofort hörte er ein lautes Geräusch
azonnal nagy zajt hallott
und er sah ein furchtbar furchtbares Tier
és egy rettenetesen ijesztő fenevadat látott
er war so erschrocken, dass er kurz davor war, ohnmächtig zu werden
annyira megijedt, hogy készen állt az ájulásra
„Du bist sehr undankbar", sagte das Tier zu ihm
– Nagyon hálátlan vagy – mondta neki a vadállat
und das Tier sprach mit schrecklicher Stimme
és a fenevad szörnyű hangon beszélt
„Ich habe dein Leben gerettet, indem ich dich in mein Schloss gelassen habe"
"Megmentettem az életét azzal, hogy beengedtem a kastélyomba"
"**und dafür stiehlst du mir im Gegenzug meine Rosen?**"
"és ezért cserébe ellopod a rózsáimat?"
„Die Rosen sind für mich mehr wert als alles andere"
"A rózsák, amelyeket mindennél jobban értékelek"
„Aber du wirst für das, was du getan hast, sterben"
"de meg kell halnod azért, amit tettél"
„Ich gebe Ihnen nur eine Viertelstunde, um sich vorzubereiten"
"Csak negyed órát adok, hogy felkészülj"
„Bereiten Sie sich auf den Tod vor und sprechen Sie Ihre Gebete"
"Készülj fel a halálra és mondd el az imáidat"

der Kaufmann fiel auf die Knie
a kereskedő térdre esett
und er hob beide Hände
és felemelte mindkét kezét
„**Mein Herr, ich flehe Sie an, mir zu vergeben**"
"Uram, kérlek, bocsáss meg nekem"
„**Ich hatte nicht die Absicht, Sie zu beleidigen**"
"Nem állt szándékomban megbántani"
„**Ich habe für eine meiner Töchter eine Rose gepflückt**"
"Rózsát gyűjtöttem az egyik lányomnak"
„**Sie bat mich, ihr eine Rose mitzubringen**"
"megkért, hogy hozzak neki egy rózsát"
„**Ich bin nicht euer Herr, sondern ein Tier**", antwortete das Monster
- Nem vagyok az urad, hanem egy vadállat - válaszolta a szörnyeteg
„**Ich mag keine Komplimente**"
"Nem szeretem a bókokat"
„**Ich mag Menschen, die so sprechen, wie sie denken**"
"Szeretem azokat az embereket, akik úgy beszélnek, ahogy gondolják"
„**glauben Sie nicht, dass ich durch Schmeicheleien bewegt werden kann**"
"ne képzeld, hogy meghathat a hízelgés"
„**Aber Sie sagen, Sie haben Töchter**"
– De azt mondod, hogy lányaid vannak.
„**Ich werde dir unter einer Bedingung vergeben**"
"Egy feltétellel megbocsátok"
„**Eine deiner Töchter muss freiwillig in meinen Palast kommen**"
"Az egyik lányodnak készségesen el kell jönnie a palotámba"
"**und sie muss für dich leiden**"
"és szenvednie kell érted"
„**Gib mir Dein Wort**"

"Engedd, hogy szót mondjak"
„Und dann können Sie Ihren Geschäften nachgehen"
"és akkor mehet a dolgod"
„Versprich mir das:"
"Ígérd meg nekem ezt:"
„Wenn Ihre Tochter sich weigert, für Sie zu sterben, müssen Sie innerhalb von drei Monaten zurückkehren"
"Ha a lányod nem hajlandó meghalni érted, három hónapon belül vissza kell térned"
der Kaufmann hatte nicht die Absicht, seine Töchter zu opfern
a kereskedőnek nem állt szándékában feláldozni a lányait
aber da ihm Zeit gegeben wurde, wollte er seine Töchter noch einmal sehen
de mivel időt kapott, még egyszer látni akarta a lányait
also versprach er, dass er zurückkehren würde
ezért megígérte, hogy visszatér
und das Tier sagte ihm, er könne aufbrechen, wann er wolle
és a fenevad azt mondta neki, hogy indulhat, amikor akarja
und das Tier erzählte ihm noch etwas
és a fenevad még egy dolgot mondott neki
„Du sollst nicht mit leeren Händen gehen"
"nem távozhatsz üres kézzel"
„Geh zurück in das Zimmer, in dem du lagst"
"menj vissza abba a szobába, ahol feküdtél"
„Sie werden eine große leere Schatzkiste sehen"
"látsz egy nagy üres kincsesládát"
„Fülle die Schatzkiste mit allem, was Dir am besten gefällt"
"Töltsd meg a kincsesládát azzal, ami a legjobban tetszik"
„und ich werde die Schatzkiste zu Dir nach Hause schicken"
"És hazaküldöm a kincsesládát"
und gleichzeitig zog sich das Tier zurück

és egyúttal a vadállat visszavonult
„Nun", sagte sich der gute Mann
– Nos – mondta magában a jó ember
„Wenn ich sterben muss, werde ich meinen Kindern wenigstens etwas hinterlassen"
"Ha meg kell halnom, legalább hagyok valamit a gyerekeimre."
so kehrte er ins Schlafzimmer zurück
így visszatért a hálószobába
und er fand sehr viele Goldstücke
és nagyon sok aranyat talált
er füllte die Schatzkiste, die das Tier erwähnt hatte
megtöltötte a kincsesládát, amelyet a vadállat említett
und er holte sein Pferd aus dem Stall
és kivette a lovát az istállóból
die Freude, die er beim Betreten des Palastes empfand, war nun genauso groß wie die Trauer, die er beim Verlassen des Palastes empfand
az öröm, amit a palotába való belépéskor érzett, most egyenlő volt azzal a bánattal, amelyet elhagyott
Das Pferd nahm einen der Wege im Wald
a ló az erdő egyik útjára ment
und in wenigen Stunden war der gute Mann zu Hause
és néhány óra múlva a jóember otthon volt
seine Kinder kamen zu ihm
gyermekei jöttek hozzá
aber anstatt ihre Umarmungen mit Freude entgegenzunehmen, sah er sie an
de ahelyett, hogy örömmel fogadta volna ölelésüket, rájuk nézett
er hielt den Ast hoch, den er in den Händen hielt
feltartotta a kezében tartott ágat
und dann brach er in Tränen aus
majd sírva fakadt
„Schönheit", sagte er, „nimm bitte diese Rosen"

– Szépség – mondta –, kérlek, vedd el ezeket a rózsákat!
„Sie können nicht wissen, wie teuer diese Rosen waren"
"Nem tudhatod, milyen drágák voltak ezek a rózsák"
„Diese Rosen haben deinen Vater das Leben gekostet"
"ezek a rózsák az apád életébe kerültek"
und dann erzählte er von seinem tödlichen Abenteuer
majd elmesélte végzetes kalandját
Sofort schrien die beiden ältesten Schwestern
azonnal felkiáltott a két legidősebb nővér
und sie sagten viele gemeine Dinge zu ihrer schönen Schwester
és sok aljas dolgot mondtak gyönyörű nővérüknek
aber die Schönheit weinte überhaupt nicht
de a szépség egyáltalán nem sírt
„Seht euch den Stolz dieses kleinen Schurken an", sagten sie
„Nézd, milyen büszkeség ez a kis nyomorult" – mondták
„Sie hat nicht nach schönen Kleidern gefragt"
"nem kért szép ruhát"
„Sie hätte tun sollen, was wir getan haben"
"neki azt kellett volna tennie, amit mi tettünk"
„Sie wollte sich hervortun"
"Meg akarta különböztetni magát"
„so wird sie nun den Tod unseres Vaters bedeuten"
"tehát most ő lesz apánk halála"
„und doch vergießt sie keine Träne"
"és mégsem könnyet ejt"
"Warum sollte ich weinen?", antwortete die Schönheit
– Miért sírjak? válaszolta szépség
„Weinen wäre völlig unnötig"
"sírás nagyon felesleges lenne"
„Mein Vater wird nicht für mich leiden"
"apám nem fog szenvedni értem"
„Das Monster wird eine seiner Töchter akzeptieren"
"a szörny elfogadja az egyik lányát"

„Ich werde mich seiner ganzen Wut aussetzen"
"Feladom magam minden haragjának"
„Ich bin sehr glücklich, denn mein Tod wird das Leben meines Vaters retten"
"Nagyon boldog vagyok, mert a halálom megmenti apám életét"
„Mein Tod wird ein Beweis meiner Liebe sein"
"halálom a szerelmem bizonyítéka lesz"
„Nein, Schwester", sagten ihre drei Brüder
– Nem, húgom – mondta három testvére
„das darf nicht sein"
"az nem lesz"
„Wir werden das Monster finden"
"Megyünk megkeresni a szörnyet"
„und entweder wir werden ihn töten..."
"és vagy megöljük..."
„... oder wir werden bei dem Versuch umkommen"
"...vagy elpusztulunk a kísérletben"
„Stellt euch nichts dergleichen vor, meine Söhne", sagte der Kaufmann
– Ne képzeljetek ilyesmit, fiaim – mondta a kereskedő
„Die Kraft des Biests ist so groß, dass ich keine Hoffnung habe, dass Ihr es besiegen könntet."
"A fenevad ereje akkora, hogy nincs reményem, hogy legyőzhetnéd"
„Ich bin entzückt von dem freundlichen und großzügigen Angebot der Schönheit"
"Elbűvölt a szépség kedves és nagylelkű ajánlata"
„aber ich kann ihre Großzügigkeit nicht annehmen"
"de nem tudom elfogadni a nagylelkűségét"
„Ich bin alt und habe nicht mehr lange zu leben"
"Öreg vagyok, és nem kell sokáig élnem"
„also kann ich nur ein paar Jahre verlieren"
"így csak néhány évet veszíthetek"
„Zeit, die ich für euch bereue, meine lieben Kinder"

"Az idő, amit sajnálok értetek, kedves gyermekeim"
„Aber Vater", sagte die Schönheit
– De apa – mondta szépség
„Du sollst nicht ohne mich in den Palast gehen"
"nem mész a palotába nélkülem"
„Du kannst mich nicht davon abhalten, dir zu folgen"
"Nem akadályozhatod meg, hogy kövesselek"
nichts könnte Schönheit vom Gegenteil überzeugen
semmi sem tudta meggyőzni a szépséget az ellenkezőjéről
Sie bestand darauf, in den schönen Palast zu gehen
ragaszkodott hozzá, hogy elmenjen a szép palotába
und ihre Schwestern waren erfreut über ihre Beharrlichkeit
és a nővérei örültek a ragaszkodásának
Der Kaufmann war besorgt bei dem Gedanken, seine Tochter zu verlieren
A kereskedő aggódott a lánya elvesztésének gondolata miatt
er war so besorgt, dass er die Truhe voller Gold vergessen hatte
annyira aggódott, hogy megfeledkezett az arannyal teli ládáról
Abends begab er sich zur Ruhe und schloss die Tür seines Zimmers.
éjjel visszavonult pihenni, és becsukta a kamra ajtaját
Dann fand er zu seinem großen Erstaunen den Schatz neben seinem Bett.
majd nagy megdöbbenésére az ágya mellett találta a kincset
er war entschlossen, es seinen Kindern nicht zu erzählen
elhatározta, hogy nem mondja el a gyerekeinek
Wenn sie es gewusst hätten, wären sie in die Stadt zurückgekehrt
ha tudták volna, vissza akartak volna térni a városba
und er war entschlossen, das Land nicht zu verlassen
és elhatározta, hogy nem hagyja el a vidéket

aber er vertraute der Schönheit das Geheimnis
de a szépségre bízta a titkot
Sie teilte ihm mit, dass zwei Herren gekommen seien
közölte vele, hogy két úr jött
und sie machten ihren Schwestern einen Heiratsantrag
és javaslatokat tettek a nővéreinek
Sie bat ihren Vater, ihrer Heirat zuzustimmen
könyörgött az apjának, hogy járuljon hozzá a házasságukhoz
und sie bat ihn, ihnen etwas von seinem Vermögen zu geben
és megkérte, hogy adjon nekik a vagyonából
sie hatte ihnen bereits vergeben
már megbocsátott nekik
Die bösen Kreaturen rieben ihre Augen mit Zwiebeln
a gonosz lények hagymával dörzsölték a szemüket
um beim Abschied von der Schwester ein paar Tränen zu vergießen
hogy könnyekre fakadjon, amikor elváltak a nővérüktől
aber ihre Brüder waren wirklich besorgt
de a testvérei valóban aggódtak
Schönheit war die einzige, die keine Tränen vergoss
a szépség volt az egyetlen, aki nem ejtett könnyeket
sie wollte ihr Unbehagen nicht vergrößern
nem akarta fokozni a nyugtalanságukat
Das Pferd nahm den direkten Weg zum Palast
a ló a közvetlen úton ment a palotába
und gegen Abend sahen sie den erleuchteten Palast
és estefelé meglátták a kivilágított palotát
das Pferd begab sich wieder in den Stall
a ló ismét bevette magát az istállóba
und der gute Mann und seine Tochter gingen in die große Halle
és a jó ember és a lánya bementek a nagyterembe
hier fanden sie einen herrlich gedeckten Tisch

itt találtak egy pompásan felszolgált asztalt
der Kaufmann hatte keinen Appetit zu essen
a kereskedőnek nem volt étvágya enni
aber die Schönheit bemühte sich, fröhlich zu erscheinen
de a szépség igyekezett vidámnak látszani
sie setzte sich an den Tisch und half ihrem Vater
leült az asztalhoz és segített az apjának
aber sie dachte auch bei sich:
de azt is gondolta magában:
„Das Biest will mich sicher mästen, bevor es mich frisst"
"A fenevad biztosan meg akar hizlalni, mielőtt megesz"
„deshalb sorgt er für so viel Unterhaltung"
"ezért nyújt ilyen bőséges szórakozást"
Nachdem sie gegessen hatten, hörten sie ein großes Geräusch
miután ettek, nagy zajt hallottak
und der Kaufmann verabschiedete sich mit Tränen in den Augen von seinem unglücklichen Kind
és a kereskedő könnyes szemmel búcsúzott szerencsétlen gyermekétől
weil er wusste, dass das Biest kommen würde
mert tudta, hogy jön a fenevad
Die Schönheit war entsetzt über seine schreckliche Gestalt
a szépség megrémült iszonyatos alakjától
aber sie nahm ihren Mut zusammen, so gut sie konnte
de a lehető legjobban vette a bátorságot
und das Monster fragte sie, ob sie freiwillig mitkäme
és a szörny megkérdezte tőle, hogy szívesen jött-e
"ja, ich bin freiwillig gekommen", sagte sie zitternd
– Igen, szívesen jöttem – mondta remegve
Das Tier antwortete: „Du bist sehr gut"
a vadállat így válaszolt: "Nagyon jó vagy"
„und ich bin Ihnen zu großem Dank verpflichtet, ehrlicher Mann"

"És nagyon hálás vagyok neked, becsületes ember"
„Geht morgen früh eure Wege"
"Holnap reggel menj az utaidra"
„aber denk nie daran, wieder hierher zu kommen"
"de soha ne gondolj arra, hogy többet idejössz"
„Lebe wohl, Schönheit, lebe wohl, Biest", antwortete er
– Búcsút szépség, búcsúzó állat – válaszolta
und sofort zog sich das Monster zurück
és a szörny azonnal visszavonult
"Oh, Tochter", sagte der Kaufmann
– Ó, lányom – mondta a kereskedő
und er umarmte seine Tochter noch einmal
és még egyszer átölelte a lányát
„Ich habe fast Todesangst"
"Majdnem halálra rémülök"
„glauben Sie mir, Sie sollten lieber zurückgehen"
"Higgye el, jobb lesz, ha visszamegy"
„Lass mich hier bleiben, statt dir"
"Hadd maradjak itt helyetted"
„Nein, Vater", sagte die Schönheit entschlossen
– Nem, apám – mondta a szépség határozott hangon
„Du sollst morgen früh aufbrechen"
"holnap reggel indulsz"
„überlasse mich der Obhut und dem Schutz der Vorsehung"
"hagyj a gondviselés gondjaira és védelmére"
trotzdem gingen sie zu Bett
ennek ellenére lefeküdtek
Sie dachten, sie würden die ganze Nacht kein Auge zutun
azt hitték, egész éjjel nem hunyják be a szemüket
aber als sie sich hinlegten, schliefen sie ein
de éppen amikor lefeküdtek aludtak
Die Schönheit träumte, eine schöne Dame kam und sagte zu ihr:
A szépség álmodott egy szép hölgy jött hozzá, és azt

mondta neki:
„Ich bin zufrieden, Schönheit, mit deinem guten Willen"
"Elégedett vagyok, szépségem, jóakaratoddal"
„Diese gute Tat von Ihnen wird nicht unbelohnt bleiben"
"ez a jó cselekedeted nem marad jutalom nélkül"
Die Schöne erwachte und erzählte ihrem Vater ihren Traum
A szépség felébredt, és elmesélte apjának álmát
der Traum tröstete ihn ein wenig
az álom egy kicsit segített megvigasztalni
aber er konnte nicht anders, als bitterlich zu weinen, als er ging
de nem tudott keservesen sírni indulás közben
Sobald er weg war, setzte sich Schönheit in die große Halle und weinte ebenfalls
amint elment, szépség leült a nagyteremben és sírt is
aber sie beschloss, sich keine Sorgen zu machen
de úgy döntött, nem lesz nyugtalan
Sie beschloss, in der kurzen Zeit, die ihr noch zu leben blieb, stark zu sein
úgy döntött, hogy erős lesz az élethez hátralévő kis ideig
weil sie fest davon überzeugt war, dass das Biest sie fressen würde
mert szilárdan hitte, hogy a fenevad megeszi
Sie dachte jedoch, sie könnte genauso gut den Palast erkunden
azonban úgy gondolta, akár felfedezhetné a palotát
und sie wollte das schöne Schloss besichtigen
és meg akarta nézni a szép kastélyt
ein Schloss, das sie bewundern musste
egy kastély, amelyet nem győzött megcsodálni
Es war ein wunderbar angenehmer Palast
elragadóan kellemes palota volt
und sie war äußerst überrascht, als sie eine Tür sah
és rendkívül meglepődött, amikor meglátott egy ajtót

und über der Tür stand, dass es ihr Zimmer sei
és az ajtó fölé ki volt írva, hogy ez az ő szobája
sie öffnete hastig die Tür
sietve kinyitotta az ajtót
und sie war ganz geblendet von der Pracht des Raumes
és egészen elkápráztatta a szoba pompáját
was ihre Aufmerksamkeit vor allem auf sich zog, war eine große Bibliothek
ami főként lekötötte a figyelmét, az egy nagy könyvtár volt
ein Cembalo und mehrere Notenbücher
egy csembaló és több kottakönyv
„Nun", sagte sie zu sich selbst
– Nos – mondta magában
„Ich sehe, das Biest wird meine Zeit nicht verstreichen lassen"
"Látom, a vadállat nem hagyja, hogy az időm nehezére essen"
dann dachte sie über ihre Situation nach
aztán elgondolkodott magában a helyzetén
„Wenn ich einen Tag bleiben sollte, wäre das alles nicht hier"
"Ha egy napig maradnom kellett volna, ez nem lenne itt"
diese Überlegung gab ihr neuen Mut
ez a megfontolás új bátorságot inspirált
und sie nahm ein Buch aus ihrer neuen Bibliothek
és elővett egy könyvet az új könyvtárából
und sie las diese Worte in goldenen Buchstaben:
és ezeket a szavakat olvasta aranybetűkkel:
„Begrüße Schönheit, vertreibe die Angst"
"Üdvözöllek szépség, űzd el a félelmet"
„Du bist hier Königin und Herrin"
"Te vagy itt királynő és úrnő"
„Sprich deine Wünsche aus, sprich deinen Willen aus"
"Mondd ki a kívánságodat, mondd ki az akaratodat"
„Schneller Gehorsam begegnet hier Ihren Wünschen"

"A gyors engedelmesség itt teljesíti a kívánságait"
"Ach", sagte sie mit einem Seufzer
– Jaj – mondta sóhajtva
„Am meisten wünsche ich mir, meinen armen Vater zu sehen"
"Leginkább látni szeretném szegény apámat"
„und ich würde gerne wissen, was er tut"
"És szeretném tudni, hogy mit csinál"
Kaum hatte sie das gesagt, bemerkte sie den Spiegel
Amint ezt kimondta, észrevette a tükröt
zu ihrem großen Erstaunen sah sie ihr eigenes Zuhause im Spiegel
legnagyobb ámulatára saját otthonát látta a tükörben
Ihr Vater kam emotional erschöpft an
apja érzelmileg kimerülten érkezett
Ihre Schwestern gingen ihm entgegen
nővérei elmentek hozzá
trotz ihrer Versuche, traurig zu wirken, war ihre Freude sichtbar
annak ellenére, hogy megpróbáltak szomorúnak látszani, örömük látható volt
einen Moment später war alles verschwunden
egy pillanattal később minden eltűnt
und auch die Befürchtungen der Schönheit verschwanden
és a szépség félelmei is eltűntek
denn sie wusste, dass sie dem Tier vertrauen konnte
mert tudta, hogy megbízhat a fenevadban
Mittags fand sie das Abendessen fertig
Délben készen találta a vacsorát
sie setzte sich an den Tisch
leült az asztalhoz
und sie wurde mit einem Musikkonzert unterhalten
és zenei koncerttel szórakoztatták
obwohl sie niemanden sehen konnte

bár nem láthatott senkit
abends setzte sie sich wieder zum Abendessen
este megint leült vacsorázni
diesmal hörte sie das Geräusch, das das Tier machte
ezúttal hallotta a fenevad zaját
und sie konnte nicht anders, als Angst zu haben
és nem tehetett róla, hogy retteg
"Schönheit", sagte das Monster
– szépség – mondta a szörnyeteg
"erlaubst du mir, mit dir zu essen?"
– Megengeded, hogy veled egyek?
"Mach, was du willst", antwortete die Schönheit zitternd
– Tedd, amit akarsz – válaszolta remegve a szépség
„Nein", antwortete das Tier
– Nem – válaszolta a vadállat
„Du allein bist hier die Herrin"
"Egyedül te vagy itt úrnő"
„Sie können mich wegschicken, wenn ich Ärger mache"
"Elküldhetsz, ha zavarok"
„schick mich fort, und ich werde mich sofort zurückziehen"
"Küldj el, és azonnal visszavonom"
„Aber sagen Sie mir: Finden Sie mich nicht sehr hässlich?"
– De mondd csak, nem gondolod, hogy nagyon csúnya vagyok?
„Das stimmt", sagte die Schönheit
– Ez igaz – mondta szépség
„Ich kann nicht lügen"
"Nem tudok hazudni"
„aber ich glaube, Sie sind sehr gutmütig"
"de azt hiszem, nagyon jó természetű vagy"
„Das bin ich tatsächlich", sagte das Monster
– Valóban az vagyok – mondta a szörnyeteg
„Aber abgesehen von meiner Hässlichkeit habe ich auch

keinen Verstand"
"De a csúnyaságomon kívül nincs értelme."
„Ich weiß sehr wohl, dass ich ein dummes Wesen bin"
"Tudom jól, hogy buta lény vagyok"
**„Es ist kein Zeichen von Torheit, so zu denken",
antwortete die Schönheit**
- Nem az ostobaság jele, ha így gondolod - válaszolta szépség
„Dann iss, Schönheit", sagte das Monster
– Akkor egyél, szépségem – mondta a szörnyeteg
„Versuchen Sie, sich in Ihrem Palast zu amüsieren"
"Próbálj szórakozni a palotádban"
"alles hier gehört dir"
"itt minden a tiéd"
„Und ich wäre sehr unruhig, wenn Sie nicht glücklich wären"
"És nagyon nyugtalan lennék, ha nem lennél boldog"
„Sie sind sehr zuvorkommend", antwortete die Schönheit
„Nagyon kedves vagy" – válaszolta szépség
„Ich gebe zu, ich freue mich über Ihre Freundlichkeit"
"Bevallom, örülök a kedvességednek"
„Und wenn ich über deine Freundlichkeit nachdenke, fallen mir deine Missbildungen kaum auf"
"És ha a kedvességedre gondolok, alig veszem észre a deformitásaidat"
„Ja, ja", sagte das Tier, „mein Herz ist gut
- Igen, igen - mondta a vadállat -, jó a szívem
„Aber obwohl ich gut bin, bin ich immer noch ein Monster"
"de bár jó vagyok, mégis szörnyeteg vagyok"
„Es gibt viele Männer, die diesen Namen mehr verdienen als Sie."
"Sok férfi van, aki jobban megérdemli ezt a nevet, mint te"
„und ich bevorzuge dich, so wie du bist"
"És jobban szeretlek olyannak, amilyen vagy"

„und ich ziehe dich denen vor, die ein undankbares Herz verbergen"
"És jobban szeretlek téged, mint azokat, akik hálátlan szívet rejtenek"
"Wenn ich nur etwas Verstand hätte", antwortete das Biest
– Ha lenne némi eszem – válaszolta a vadállat
„Wenn ich vernünftig wäre, würde ich Ihnen als Dank ein schönes Kompliment machen"
"Ha lenne eszem, egy remek bókot tennék, hogy megköszönjem"
"aber ich bin so langweilig"
"de olyan unalmas vagyok"
„Ich kann nur sagen, dass ich Ihnen zu großem Dank verpflichtet bin"
"Csak azt tudom mondani, hogy nagyon hálás vagyok neked"
Schönheit aß ein herzhaftes Abendessen
a szépség kiadós vacsorát evett
und sie hatte ihre Angst vor dem Monster fast überwunden
és már majdnem legyőzte a szörnyetegtől való félelmét
aber sie wollte ohnmächtig werden, als das Biest ihr die nächste Frage stellte
de el akart ájulni, amikor a vadállat feltette neki a következő kérdést
"Schönheit, willst du meine Frau werden?"
"Szépség, leszel a feleségem?"
es dauerte eine Weile, bis sie antworten konnte
eltartott egy ideig, mire válaszolni tudott
weil sie Angst hatte, ihn wütend zu machen
mert félt, hogy feldühíti
Schließlich sagte sie jedoch "nein, Biest"
végül azonban azt mondta: "nem, vadállat"
sofort zischte das arme Monster ganz fürchterlich

azonnal nagyon ijesztően sziszegte szegény szörnyeteg
und der ganze Palast hallte
és az egész palota visszhangzott
aber die Schönheit erholte sich bald von ihrem Schrecken
de a szépség hamar magához tért ijedtségéből
denn das Tier sprach wieder mit trauriger Stimme
mert fenevad ismét gyászos hangon beszélt
„Dann leb wohl, Schönheit"
"Akkor viszlát, szépség"
und er drehte sich nur ab und zu um
és csak időnként fordult vissza
um sie anzusehen, als er hinausging
hogy ránézzen, amint kiment
jetzt war die Schönheit wieder allein
most a szépség ismét egyedül volt
Sie empfand großes Mitgefühl
nagy részvétet érzett
„Ach, es ist tausendmal schade"
"Jaj, ez ezer kár"
„Etwas, das so gutmütig ist, sollte nicht so hässlich sein"
"ami ilyen jó természetű, nem lehet olyan csúnya"
Schönheit verbrachte drei Monate sehr zufrieden im Palast
szépség három hónapot nagyon elégedetten töltött a palotában
jeden Abend stattete ihr das Biest einen Besuch ab
minden este a fenevad meglátogatta
und sie redeten beim Abendessen
és vacsora közben beszélgettek
Sie sprachen mit gesundem Menschenverstand
józan ésszel beszélgettek
aber sie sprachen nicht mit dem, was man als geistreich bezeichnet
de nem beszéltek azzal, amit az emberek szellemességnek neveznek

Schönheit entdeckte immer einen wertvollen Charakter im Biest
a szépség mindig felfedezett valami értékes karaktert a fenevadban
und sie hatte sich an seine Missbildung gewöhnt
és hozzászokott a férfi deformitásához
sie fürchtete sich nicht mehr vor seinem Besuch
már nem rettegett a látogatásának idejétől
jetzt schaute sie oft auf die Uhr
most gyakran az órájára nézett
und sie konnte es kaum erwarten, bis es neun Uhr war
és alig várta, hogy kilenc óra legyen
denn das Tier kam immer zu dieser Stunde
mert a fenevad soha nem mulasztotta el jönni abban az órában
Es gab nur eine Sache, die Schönheit betraf
csak egy dolog vonatkozott a szépségre
jeden Abend, bevor sie ins Bett ging, stellte ihr das Biest die gleiche Frage
minden este, mielőtt lefeküdt a vadállat ugyanazt a kérdést tette fel neki
Das Monster fragte sie, ob sie seine Frau werden wolle
a szörny megkérdezte tőle, lesz-e a felesége
Eines Tages sagte sie zu ihm: „Biest, du machst mir große Sorgen."
egy nap azt mondta neki: "fenevad, nagyon nyugtalanítasz."
„Ich wünschte, ich könnte einwilligen, dich zu heiraten"
"Bárcsak beleegyeznék, hogy feleségül vegyem"
„Aber ich bin zu aufrichtig, um dir zu glauben zu machen, dass ich dich heiraten würde"
"de túl őszinte vagyok ahhoz, hogy elhitessem veled, hogy feleségül veszlek"
„Unsere Ehe wird nie stattfinden"
"A mi házasságunk soha nem fog megtörténni"

„Ich werde dich immer als Freund sehen"
"Mindig barátként foglak látni"
„Bitte versuchen Sie, damit zufrieden zu sein"
"kérlek próbálj meg elégedett lenni ezzel"
„Damit muss ich zufrieden sein", sagte das Tier
– Biztosan elégedett vagyok ezzel – mondta a vadállat
„Ich kenne mein eigenes Unglück"
"Tudom a saját szerencsétlenségemet"
„aber ich liebe dich mit der zärtlichsten Zuneigung"
leggyengédebb szeretettel szeretlek "
„Ich sollte mich jedoch als glücklich betrachten"
"Azonban boldognak kell tartanom magam"
"und ich würde mich freuen, wenn du hier bleibst"
"És örülnöm kell, hogy itt maradsz"
„versprich mir, mich nie zu verlassen"
"Ígérd meg, hogy soha nem hagysz el"
Schönheit errötete bei diesen Worten
a szépség elpirult e szavak hallatán
Eines Tages schaute die Schönheit in ihren Spiegel
egy nap a szépség a tükörébe nézett
ihr Vater hatte sich schreckliche Sorgen um sie gemacht
az apja aggódott, hogy beteg lesz érte
sie sehnte sich mehr denn je danach, ihn wiederzusehen
jobban vágyott rá, hogy újra láthassa, mint valaha
„Ich könnte versprechen, dich nie ganz zu verlassen"
"Megígérhetem, hogy soha nem hagylak el teljesen"
„aber ich habe so ein großes Verlangen, meinen Vater zu sehen"
"de annyira vágyom, hogy lássam apámat"
„Ich wäre unendlich verärgert, wenn Sie nein sagen würden"
"Lehetetlenül ideges lennék, ha nemet mondana"
"Ich würde lieber selbst sterben", sagte das Monster
– Inkább magam haltam meg – mondta a szörnyeteg
„Ich würde lieber sterben, als dir Unbehagen zu

bereiten"
"Inkább meghalok, mintsem hogy nyugtalanságot keltessem"
„Ich werde dich zu deinem Vater schicken"
"Elküldelek apádhoz"
„Du sollst bei ihm bleiben"
"vele maradsz"
"und dieses unglückliche Tier wird stattdessen vor Kummer sterben"
"és ez a szerencsétlen állat inkább a bánattól fog meghalni"
"Nein", sagte die Schönheit weinend
– Nem – mondta a szépség sírva
„Ich liebe dich zu sehr, um die Ursache deines Todes zu sein"
"Túlságosan szeretlek ahhoz, hogy a halálod oka legyek"
„Ich verspreche Ihnen, in einer Woche wiederzukommen"
"Ígérem, hogy egy hét múlva visszatérek"
„Du hast mir gezeigt, dass meine Schwestern verheiratet sind"
"Megmutattad nekem, hogy a nővéreim házasok"
„und meine Brüder sind zur Armee gegangen"
"és a testvéreim elmentek a hadseregbe"
"Lass mich eine Woche bei meinem Vater bleiben, da er allein ist"
"Hadd maradjak egy hetet apámnál, mert egyedül van"
"Morgen früh wirst du dort sein", sagte das Tier
– Holnap reggel ott leszel – mondta a vadállat
„Aber denk an dein Versprechen"
"de emlékezz az ígéretedre"
„Sie brauchen Ihren Ring nur auf den Tisch zu legen, bevor Sie zu Bett gehen."
"Csak le kell fektetni a gyűrűt az asztalra, mielőtt lefekszel"
"Und dann werdet ihr vor dem Morgen zurückgebracht"
"és akkor még reggel visszahoznak"

„Lebe wohl, liebe Schönheit", seufzte das Tier
– Búcsút drága szépségem – sóhajtott a vadállat
Die Schönheit ging an diesem Abend sehr traurig ins Bett
szépség nagyon szomorúan feküdt le aznap este
weil sie das Tier nicht so besorgt sehen wollte
mert nem akarta ennyire aggódó fenevadat látni
am nächsten Morgen fand sie sich im Haus ihres Vaters wieder
másnap reggel az apja otthonában találta magát
sie läutete eine kleine Glocke neben ihrem Bett
megkongatott egy kis csengőt az ágya mellett
und das Dienstmädchen stieß einen lauten Schrei aus
és a szobalány hangosan felsikoltott
und ihr Vater rannte nach oben
és az apja felszaladt az emeletre
er dachte, er würde vor Freude sterben
azt hitte, meg fog halni az örömtől
er hielt sie eine Viertelstunde lang in seinen Armen
negyed óráig tartotta a karjában
irgendwann waren die ersten Grüße vorbei
végül az első köszöntések véget értek
Schönheit begann daran zu denken, aus dem Bett zu steigen
szépség arra kezdett gondolni, hogy felkeljen az ágyból
aber sie merkte, dass sie keine Kleidung mitgebracht hatte
de rájött, hogy nem hozott ruhát
aber das Dienstmädchen sagte ihr, sie habe eine Kiste gefunden
de a szobalány azt mondta neki, hogy talált egy dobozt
der große Koffer war voller Kleider und Kleider
a nagy csomagtartó tele volt köntösökkel és ruhákkal
jedes Kleid war mit Gold und Diamanten bedeckt
mindegyik ruhát arannyal és gyémánttal borították
Schönheit dankte dem Tier für seine freundliche Pflege

a szépség megköszönte a vadállat kedves gondoskodását
und sie nahm eines der schlichtesten Kleider
és felvette az egyik legegyszerűbb ruhát
Die anderen Kleider wollte sie ihren Schwestern schenken
a többi ruhát a nővéreinek szándékozott adni
aber bei diesem Gedanken verschwand die Kleidertruhe
de erre a gondolatra a ruhás láda eltűnt
Das Biest hatte darauf bestanden, dass die Kleidung nur für sie sei
a fenevad ragaszkodott hozzá, hogy a ruhák csak neki valók
ihr Vater sagte ihr, dass dies der Fall sei
az apja azt mondta neki, hogy ez a helyzet
und sofort kam die Kleidertruhe wieder zurück
és azonnal visszajött a ruhatartó
Schönheit kleidete sich mit ihren neuen Kleidern
szépség felöltözött új ruháival
und in der Zwischenzeit gingen die Mägde los, um ihre Schwestern zu finden
és közben szobalányok mentek megkeresni a nővéreit
Ihre beiden Schwestern waren mit ihren Ehemännern
mindkét nővére a férjükkel volt
aber ihre beiden Schwestern waren sehr unglücklich
de mindkét nővére nagyon boldogtalan volt
Ihre älteste Schwester hatte einen sehr gutaussehenden Herrn geheiratet
legidősebb nővére egy nagyon jóképű úriemberhez ment feleségül
aber er war so selbstgefällig, dass er seine Frau vernachlässigte
de annyira szerette magát, hogy elhanyagolta a feleségét
Ihre zweite Schwester hatte einen geistreichen Mann geheiratet
második nővére egy szellemes férfihoz ment feleségül

aber er nutzte seinen Witz, um die Leute zu quälen
de szellemességét emberek kínzására használta
und am meisten quälte er seine Frau
és leginkább a feleségét gyötörte
Die Schwestern der Schönheit sahen sie wie eine Prinzessin gekleidet
a szépség nővérei hercegnőnek öltözve látták
und sie waren krank vor Neid
és rosszul lettek az irigységtől
jetzt war sie schöner als je zuvor
most szebb volt, mint valaha
ihr liebevolles Verhalten konnte ihre Eifersucht nicht unterdrücken
szeretetteljes viselkedése nem tudta elfojtani féltékenységüket
Sie erzählte ihnen, wie glücklich sie mit dem Tier war
elmesélte nekik, mennyire örül a vadállatnak
und ihre Eifersucht war kurz vor dem Platzen
és féltékenységük kitörni készült
Sie gingen in den Garten, um über ihr Unglück zu weinen
Lementek a kertbe sírni a szerencsétlenségük miatt
„Inwiefern ist dieses kleine Geschöpf besser als wir?"
– Miben jobb ez a kis lény nálunk?
„Warum sollte sie so viel glücklicher sein?"
– Miért lenne sokkal boldogabb?
„Schwester", sagte die ältere Schwester
– Nővér – mondta a nővér
„Mir ist gerade ein Gedanke gekommen"
"Egy gondolat jutott eszembe"
„Versuchen wir, sie länger als eine Woche hier zu behalten"
"Megpróbáljuk itt tartani több mint egy hétig"
„Vielleicht macht das das dumme Monster wütend"
"talán ez feldühíti az ostoba szörnyeteget"

„weil sie ihr Wort gebrochen hätte"
"mert megszegte volna a szavát"
"und dann könnte er sie verschlingen"
"és akkor felfalhatja"
"Das ist eine tolle Idee", antwortete die andere Schwester
– Ez remek ötlet – válaszolta a másik nővér
„Wir müssen ihr so viel Freundlichkeit wie möglich entgegenbringen"
"A lehető legtöbb kedvességet kell megmutatnunk neki"
Die Schwestern fassten den Entschluss
a nővérek ezt határozták meg
und sie verhielten sich sehr liebevoll gegenüber ihrer Schwester
és nagyon szeretetteljesen viselkedtek a nővérükkel
Die arme Schönheit weinte vor Freude über all ihre Freundlichkeit
szegény szépség sírt örömében minden kedvességüktől
Als die Woche um war, weinten sie und rauften sich die Haare
amikor lejárt a hét, sírtak és tépték a hajukat
es schien ihnen so leid zu tun, sich von ihr zu trennen
úgy tűnt, nagyon sajnálták, hogy megválnak tőle
und die Schönheit versprach, noch eine Woche länger zu bleiben
és a szépség megígérte, hogy egy héttel tovább marad
In der Zwischenzeit konnte die Schönheit nicht umhin, über sich selbst nachzudenken
Eközben a szépség nem tudta megállni, hogy önmagára gondoljon
sie machte sich Sorgen darüber, was sie dem armen Tier antat
aggódott, mit csinál szegény vadállattal
Sie wusste, dass sie ihn aufrichtig liebte
tudja, hogy őszintén szerette őt
und sie sehnte sich wirklich danach, ihn wiederzusehen

és nagyon vágyott a viszontlátásra
Auch die zehnte Nacht verbrachte sie bei ihrem Vater
a tizedik éjszakát is az apjánál töltötte
sie träumte, sie sei im Schlossgarten
azt álmodta, hogy a palota kertjében van
und sie träumte, sie sähe das Tier ausgestreckt im Gras liegen
és azt álmodta, hogy meglátta a fenevadat a fűben
er schien ihr mit sterbender Stimme Vorwürfe zu machen
mintha elhaló hangon szemrehányást tett volna neki
und er warf ihr Undankbarkeit vor
és hálátlansággal vádolta
Schönheit erwachte aus ihrem Schlaf
a szépség felébredt álmából
und sie brach in Tränen aus
és sírva fakadt
„**Bin ich nicht sehr böse?**"
– Nem vagyok nagyon gonosz?
„**War es nicht grausam von mir, so unfreundlich gegenüber dem Tier zu sein?**"
– Nem volt kegyetlen tőlem, hogy ilyen barátságtalanul viselkedtem a vadállattal?
„**Das Biest hat alles getan, um mir zu gefallen**"
"Az állat mindent megtett, hogy a kedvemben járjon"
"Ist es seine Schuld, dass er so hässlich ist?"
– Az ő hibája, hogy ilyen csúnya?
„**Ist es seine Schuld, dass er so wenig Verstand hat?**"
– Az ő hibája, hogy ilyen kevés esze van?
„**Er ist freundlich und gut, und das genügt**"
"Kedves és jó, és ez elég"
„**Warum habe ich mich geweigert, ihn zu heiraten?**"
– Miért nem voltam hajlandó feleségül venni?
„**Ich sollte mit dem Monster glücklich sein**"
"Boldognak kell lennem a szörnyeteggel"
„**Schau dir die Männer meiner Schwestern an**"

"Nézd meg a nővéreim férjeit"
„Weder Witz noch Schönheit machen sie gut"
"sem a szellemesség, sem a jóképűség nem teszi őket jóvá"
„Keiner ihrer Ehemänner macht sie glücklich"
"egyik férjük sem boldogítja őket"
„sondern Tugend, Sanftmut und Geduld"
"de az erény, az indulat édessége és a türelem"
„Diese Dinge machen eine Frau glücklich"
"ezek a dolgok boldoggá tesznek egy nőt"
„und das Tier hat all diese wertvollen Eigenschaften"
"és a fenevadnak megvannak ezek az értékes tulajdonságai"
„es ist wahr, ich empfinde keine Zärtlichkeit und Zuneigung für ihn"
"igaz, nem érzem iránta a vonzalom gyengédségét"
„aber ich empfinde für ihn die allergrößte Dankbarkeit"
"de úgy látom, a legnagyobb hálám érte"
„und ich habe die höchste Wertschätzung für ihn"
"És a legnagyobbra becsülöm őt"
"und er ist mein bester Freund"
"és ő a legjobb barátom"
„Ich werde ihn nicht unglücklich machen"
"Nem fogom őt szerencsétlenné tenni"
„Wenn ich so undankbar wäre, würde ich mir das nie verzeihen"
"Ha olyan hálátlan lennék, soha nem bocsátanék meg magamnak"
Schönheit legte ihren Ring auf den Tisch
szépség letette a gyűrűjét az asztalra
und sie ging wieder zu Bett
és újra lefeküdt
kaum war sie im Bett, da schlief sie ein
alig volt ágyban, mielőtt elaludt
Sie wachte am nächsten Morgen wieder auf
másnap reggel újra felébredt
und sie war überglücklich, sich im Palast des Tieres

wiederzufinden
és nagyon boldog volt, hogy a vadállat palotájában találta magát
Sie zog eines ihrer schönsten Kleider an, um ihm zu gefallen
felvette az egyik legszebb ruháját, hogy a kedvében járjon
und sie wartete geduldig auf den Abend
és türelmesen várta az estét
kam die ersehnte Stunde
eljött a kívánt óra
die Uhr schlug neun, doch kein Tier erschien
az óra kilencet ütött, de vadállat nem jelent meg
Schönheit befürchtete dann, sie sei die Ursache seines Todes gewesen
a szépség akkor attól tartott, hogy ő okozta a halálát
Sie rannte weinend durch den ganzen Palast
sírva rohant körbe a palotában
nachdem sie ihn überall gesucht hatte, erinnerte sie sich an ihren Traum
miután mindenhol kereste őt, eszébe jutott az álma
und sie rannte zum Kanal im Garten
és a kertben lévő csatornához futott
Dort fand sie das arme Tier ausgestreckt
ott találta szegény fenevadat kinyújtózva
und sie war sicher, dass sie ihn getötet hatte
és biztos volt benne, hogy ő ölte meg
sie warf sich ohne Furcht auf ihn
minden félelem nélkül rávetette magát
sein Herz schlug noch
a szíve még mindig dobogott
sie holte etwas Wasser aus dem Kanal
vett egy kis vizet a csatornából
und sie goss das Wasser über seinen Kopf
és a fejére öntötte a vizet
Das Tier öffnete seine Augen und sprach mit der

Schönheit
a fenevad kinyitotta a szemét, és a szépséghez beszélt
„Du hast dein Versprechen vergessen"
"Elfelejtetted az ígéretedet"
„Es hat mir das Herz gebrochen, dich verloren zu haben"
"Annyira összetört a szívem, hogy elvesztettelek"
„Ich beschloss, zu hungern"
"Elhatároztam, hogy kiéheztetem magam"
„aber ich habe das Glück, Sie wiederzusehen"
"de örülök, hogy még egyszer láthatlak"
„so habe ich das Vergnügen, zufrieden zu sterben"
"Szóval az az öröm, hogy elégedetten halok meg"
„Nein, liebes Tier", sagte die Schönheit, „du darfst nicht sterben"
- Nem, drága vadállat - mondta a szépség -, nem szabad meghalnod.
„Lebe, um mein Ehemann zu sein"
"Élj, hogy a férjem legyél"
„Von diesem Augenblick an reiche ich dir meine Hand"
"E pillanattól fogva a kezem nyújtom neked"
„und ich schwöre, niemand anderes als Dein zu sein"
"És esküszöm, hogy nem leszek más, csak a tiéd"
„Ach! Ich dachte, ich hätte nur Freundschaft für dich."
"Jaj! Azt hittem, csak barátságom van veled"
"aber der Kummer, den ich jetzt fühle, überzeugt mich;"
"de a bánat, amit most érzek, meggyőz;
„Ich kann nicht ohne dich leben"
"Nem tudok nélküled élni"
Schönheit hatte diese Worte kaum gesagt, als sie ein Licht sah
A szépség aligha mondta ezeket a szavakat, amikor fényt látott
der Palast funkelte im Licht
a palota fényben szikrázott
Feuerwerk erleuchtete den Himmel

tűzijáték világította meg az eget
und die Luft erfüllt mit Musik
és a levegő megtelt zenével
alles kündigte ein großes Ereignis an
minden valami nagyszerű eseményről adott hírt
aber nichts konnte ihre Aufmerksamkeit fesseln
de semmi sem tudta lekötni a figyelmét
sie wandte sich ihrem lieben Tier zu
– fordult kedves vadállatához
das Tier, vor dem sie vor Angst zitterte
a fenevad, akiért remegett a félelemtől
aber ihre Überraschung über das, was sie sah, war groß!
de a meglepetése nagy volt a látottakon!
das Tier war verschwunden
a vadállat eltűnt
stattdessen sah sie den schönsten Prinzen
ehelyett a legkedvesebb herceget látta
sie hatte den Zauber beendet
véget vetett a varázslatnak
ein Zauber, unter dem er einem Tier ähnelte
egy varázslat, amely alatt vadállatra hasonlított
dieser Prinz war all ihre Aufmerksamkeit wert
ez a herceg méltó volt minden figyelmére
aber sie konnte nicht anders und musste fragen, wo das Biest war
de nem tehetett róla, hogy megkérdezte, hol van a fenevad
„Du siehst ihn zu deinen Füßen", sagte der Prinz
– Látod őt a lábadnál – mondta a herceg
„Eine böse Fee hatte mich verdammt"
"Egy gonosz tündér elítélt engem"
„Ich sollte diese Gestalt behalten, bis eine wunderschöne Prinzessin einwilligte, mich zu heiraten."
"Ebben a formában kellett maradnom, amíg egy gyönyörű hercegnő bele nem egyezik hozzám."
„Die Fee hat mein Verständnis verborgen"

"a tündér elrejtette az értelmemet"
„Du warst der Einzige, der großzügig genug war, um von meiner guten Laune bezaubert zu sein."
"Te voltál az egyetlen elég nagylelkű ahhoz, hogy elbűvölje az indulatom jósága"
Schönheit war angenehm überrascht
– lepődött meg boldogan szépség
und sie gab dem bezaubernden Prinzen ihre Hand
és kezet nyújtott a bájos hercegnek
Sie gingen zusammen ins Schloss
együtt mentek be a kastélyba
und die Schöne war überglücklich, ihren Vater im Schloss zu finden
és a szépség rendkívül boldog volt, amikor apját a kastélyban találta
und ihre ganze Familie war auch da
és az egész családja is ott volt
sogar die schöne Dame, die in ihrem Traum erschienen war, war da
még az álmában megjelent gyönyörű hölgy is ott volt
"Schönheit", sagte die Dame aus dem Traum
– szépség – mondta a hölgy az álomból
„Komm und empfange deine Belohnung"
"gyere és vedd át a jutalmad"
„Sie haben die Tugend dem Witz oder dem Aussehen vorgezogen"
"Ön az erényt részesíti előnyben, mint az esze vagy a megjelenése"
„und Sie verdienen jemanden, in dem diese Eigenschaften vereint sind"
"és megérdemelsz valakit, akiben ezek a tulajdonságok egyesülnek"
„Du wirst eine großartige Königin sein"
"nagy királynő leszel"
„Ich hoffe, der Thron wird deine Tugend nicht

schmälern"
"Remélem, a trón nem csökkenti az erényedet"
Dann wandte sich die Fee an die beiden Schwestern
majd a tündér a két nővér felé fordult
„Ich habe in eure Herzen geblickt"
"Láttam a szívetekben"
„und ich kenne die ganze Bosheit, die in euren Herzen steckt"
"És tudom, hogy a szíved minden rosszindulatot tartalmaz"
„Ihr beide werdet zu Statuen"
"ti ketten szobrok lesztek"
„Aber ihr werdet euren Verstand bewahren"
"de megtartod az eszed"
„Du sollst vor den Toren des Palastes deiner Schwester stehen"
"A húgod palotájának kapujában állsz"
„Das Glück deiner Schwester soll deine Strafe sein"
"A nővéred boldogsága a te büntetésed lesz"
„Sie werden nicht in Ihren früheren Zustand zurückkehren können"
"nem fog tudni visszatérni korábbi állapotaiba"
„es sei denn, Sie beide geben Ihre Fehler zu"
"hacsak mindketten elismeritek a hibáitokat"
„Aber ich sehe voraus, dass ihr immer Statuen bleiben werdet"
"de előre látom, hogy mindig szobrok maradsz"
„Stolz, Zorn, Völlerei und Faulheit werden manchmal besiegt"
"A büszkeség, a harag, a falánkság és a tétlenség néha legyőzhető"
„aber die Bekehrung neidischer und böswilliger Gemüter sind Wunder"
" de az irigy és rosszindulatú elmék megtérése csodák"
sofort strich die Fee mit ihrem Zauberstab
a tündér azonnal ütést adott a pálcájával

und im nächsten Augenblick waren alle im Saal entrückt
és egy pillanat alatt mindazokat, akik a teremben voltak, elszállították
Sie waren in die Herrschaftsgebiete des Fürsten eingedrungen
a herceg uradalmába mentek
die Untertanen des Prinzen empfingen ihn mit Freude
a herceg alattvalói örömmel fogadták
der Priester heiratete die Schöne und das Biest
a pap feleségül vette a szépséget és a fenevadat
und er lebte viele Jahre mit ihr
és sok évig élt vele
und ihr Glück war vollkommen
és boldogságuk teljes volt
weil ihr Glück auf Tugend beruhte
mert boldogságukat az erényre alapozták

Das Ende
A Vég

www.ingramcontent.com/pod-product-compliance
Lightning Source LLC
Chambersburg PA
CBHW011551070526
44585CB00023B/2551